思维训练

和孩子一起学 订立目标

梁志援

山西出版传媒集团
山西教育出版社

图书在版编目（CIP）数据

和孩子一起学订立目标 / 梁志援编著. -- 太原：山西教育出版社, 2014.5（2016.1重印）

（少年思维训练丛书）

ISBN 978-7-5440-5013-5

Ⅰ. ①和… Ⅱ. ①梁… Ⅲ. ①学习方法—儿童教育—家庭教育 Ⅳ. ①G791②G78

中国版本图书馆CIP数据核字(2014)第047365号

书　　名 / 和孩子一起学订立目标

作　　者 / 梁志援

出 版 人：雷俊林

策划编辑：潘　峰

责任编辑：贾云飞

复　　审：郭志强

终　　审：薛海斌

装帧设计：薛　菲

助理设计：陈　晓　李　珍

印装监制：贾永胜

出版发行：山西出版传媒集团·山西教育出版社

（地址：太原市水西门街馒头巷7号　电话：0351-4729801　邮编：030002）

印　　装：山西人民印刷有限责任公司

开　　本：787×1092　1/16

印　　张：6

字　　数：112千字

版　　次：2014年5月第1版　2016年1月山西第2次印刷

印　　数：3 001—6 000册

书　　号：ISBN 978-7-5440-5013-5

定　　价：13.00元

作者简介

梁志援，思聪少年思维训练课程(http://www.youngthinker.net)总监，先后就读于香港理工学院(即现今香港理工大学)及澳门东亚大学(即现今澳门大学)，获财务管理文凭、市场学文凭及工商管理硕士学位，并具多年少年思维训练及儿童计算机教育经验，为香港计算机学会、英国特许市场学会、香港计算机教育学会及香港网上教育学会会员。

梁先生致力于研究通过计算机科技、心理学、教练技术、体验式学习及神经语言程序学(NLP)来培训少年儿童。他曾修读多项世界著名的培训课程来学习思维方法、历奇教学、潜意识运作、心灵转化等技巧，并阅读过数以千计的相关书籍。

“硬”知识 “软”智慧

这是一本操作性极佳的工具书

翻开毕业纪念册，你会发现，同学们的学历是完全一样的，所学到的东西大致相同，年龄、背景差不多，但多年以后，成就却有极大的差距。你可能会归因这是天时、地利、人和的不同，是命运的捉弄，使得有些人的际遇很差，事事不利；有些人则得到贵人扶持，加上好运气，所以顺风顺水。但除了这些所谓“命运”因素外，还有没有其他原因？

一段学业的完成代表大家得到了大致相同的“硬”知识，但为什么有些人运用知识时更得心应手，可以用得更快、更顺畅？对！因为他们有更多的“软”智慧来配合。

知识型社会已经来临，知识比过去任何时期都更为重要，每一个人都必须在“硬”知识上投入更多精力、时间，如考取一个学位、获得专业资格或学会一门谋生的技能等。无可否认，这些“硬”知识可以帮助我们增强竞争能力，奠定谋生的基础，但要使“硬”知识发挥得更加得心应手，就必须同时要有一套“软”智慧。

什么是“软”智慧？著名未来学家约翰·奈斯比特（John Naisbitt）认为，在知识型社会中，每一个人都应学会四种技能，即如何学习、如何思考、如何创造、如何沟通。

举一个例子，同时取得相同专业资格的两位电器师傅，师傅甲懂得学习的方法，可以在快速变化的市场上更快掌握新产品的知识；他的沟通、社交及表达能力较好，有利于接到更多生意；他较有创意，可以更快、更顺畅地解决难题；他懂得思考，可以从更高的角度审视自身所处的环境，可以更加明确自己的目标，发现更多的机会。所以，他的成就必定比师傅乙高。

“硬”知识和“软”智慧的区别在于：“硬”知识会很快落伍，被新知识所取代，“软”智慧是终身受用的；“硬”知识需要很长时间才能被掌握，“软”智慧可以在很短的时间内被掌握，但是如果某些人想不通、看不见，则一生都不开窍；“硬”知识通常是在学校里按课程进度学习，“软”智慧则在生活和学习中俯拾皆是；“硬”知识容易量度、评估，“软”智慧则较难准确评估，可能要经过一段时间才可以看到效果。

世界上大部分成功人士都有一个共同点，就是具有卓越的“软”智慧。

教育改革是一场世界性的生存竞赛，几乎所有先进国家都在改革，“终身教育”并非乌托邦式理想主义的口号，而是为应对千变万化的知识型社会作出的必然选择。转向学习型社会是社会生存的出路，除此之外，别无他法。

梁志援兄撰写的这套《少年思维训练》丛书，正是迎合世界教育浪潮而编撰的“软”智慧丛书，主题有“时间管理”“解决问题”“订立目标”“多角度思维”“金钱管理”“成功习惯”“独立思考”“规划人生”等，完全符合知识型社会对培养通识通才的需要。丛书的内容言简意赅，没有冗长沉闷的说教，用练习的形式让学生即做、即知，有即时的满足感，按部就班、有系统地学习很多人终其一生可能都领悟不到的“软”智慧。

很荣幸成为这套丛书的顾问，推动学习型社会是本人及我所在的圣雅各福群会多年来的梦想和信念，现在可以和志援兄共同向这个梦想进发，实在是一件令人兴奋的事。

我真诚地向教育界同仁、家长及立志终身学习的朋友推荐这套丛书。

刘远章
《少年思维训练》丛书顾问
圣雅各福群会延续教育中心经理

《少年思维训练》丛书的特色和用法

Q：《少年思维训练》丛书是根据什么学习理论设计的？
A：这套丛书将当代各领域顶级大师的智慧及知识转化成有趣的故事、活动、练习及评估。此外，还应用了NLP神经语言程序学及自我暗示等各类心理学技巧，来提升孩子的领悟力。这套丛书每册有15课或16课，每课约需20～30分钟完成。

Q：《少年思维训练》丛书适用的读者群如何？也适用于成年人吗？
A：这套丛书的目标对象为小学高年级学生及中学生（大约11岁至16岁）。对于年纪较小的孩子，父母可多加解释，并应该根据孩子的程度选取较为浅显的部分来学习。其实这套丛书也适合成年人，只是青少年处于知识增长阶段，对于事物的接受能力较强，因此思维训练的效果更好。

Q：家长如何使用这套书？
A：这套丛书是一系列完整的自学课程，父母可与子女在温馨的环境中共同学习。若家长能先通读内容，自己先做一遍练习，效果会更好。父母是孩子的生命教练，我们期望家长能身体力作为孩子的榜样，并通过自己的生活体验与孩子一起讨论答案或分享心得。

Q：学校老师如何使用这套书？
A：老师应先看课程的内容，自己先做一遍练习，直至完全理解课程的重点为止。在学生进行练习前，老师可先为学生做简单的说明。与学生核对答案时，老师可选择部分题目与学生一起讨论并分享自己的体验，以加深学生的理解并增加互动。

Q：家长或老师可否修改本书所提供的参考答案？
A：可以。由于思维的多样化，每个人对同一个问题的思考，所获得的答案绝不会是完全一样的。因此，我们在这里所提供的答案不是唯一的标准答案，只是为了学习思维训练课程而提供的一个参考。

Q：需要每个练习都做吗？如果无法每个练习都做，如何选择精华来练习？
A：这套丛书的设计就像建筑一幢大厦，由基础开始而逐渐引导孩子彻底认识整个主题。因此，我们希望孩子能按顺序完成所有练习。如果无法每个练习都做，希望孩子至少能阅读每课的主题介绍及课程末的学习重点。

Q：做过这些练习后，孩子就能在行为及信念上有所改变吗？如果有一定的影响，如何持续这种影响，使它成为孩子一生的“装备”？
A：任何行为及信念上的改变都要经过认识、领悟和实践等阶段。若孩子能够预见及确信改变将会带给他们美好的结果，他们便有动力来改变自己的行为。但是，思维训练最大的价值在于，让这些智慧及知识成为孩子的信念，并通过不断实践形成一生的良好习惯。

自序

> 让年轻人有一个伟大并且崇高的目标，任何事物都无法阻挡他们前行的脚步！
>
> ——爱默生

在人生的旅程中，我们每个人都会有自己的梦想与追求，但为什么只有少部分人能享受到愉悦的人生，而其他大部分人却过着平庸甚至潦倒的生活？原因是，成功者确立了清晰的奋斗目标，而失败者通常茫然不知方向或漫无目标。

有一个让自己投入一生去挑战的目标，是幸福的。因此，本书通过许多生动有趣的故事、习题来引导年轻人踏上人生目标之旅，并使其明确或者学会：

★ 什么是自己真正想要的

★ 订立清晰、有效及均衡的目标。

★ 找寻达成目标的动力

★ 自我激励及分解目标

★ 评估及订立详细的行动计划

希望年轻人通过本书学会如何主宰自己的命运，尽早树立崇高、明确的目标，翻开人生崭新的一页！

目录 CONTENTS

第1课

认识目标

如果你不知道往哪里走，那么最后到达的将不会是你想去的地方。

在人生的旅程中，为什么有些人能享受愉悦的人生，而有些人却过着平庸甚至潦倒的生活?原因仅在于那些成功者总是能找到并且专注于一个值得奋斗的目标，并凭着坚定的意志，将目标转化成现实。

一 认识目标

我们的时间很有限，却有许多事情要做，例如上学、做功课、娱乐、陪伴家人及休闲等，数不胜数。我们如何才能兼顾这么多事情并且取得令人满意的效果？设定“目标”就是实现梦想的第一步，因为目标就是我们对未来的实践，必须下定决心、全力以赴，使之成为现实。

（1）什么是目标？请在正确答案前的□加上√号

□ a. 对未来的希望

□ b. 对未来的憧憬

□ c. 对未来的期望

□ d. 对未来的实践

（2）我们如何能让目标成为现实？请在正确答案前的□加上√号

□ a. 知难而退

□ b. 全力以赴

□ c. 模仿别人

□ d. 漫无目标

二 最顶尖的3%

美国著名的耶鲁大学在1953年对该校的硕士班毕业学生进行了一项关于“目标对人生的影响”的调查。调查对象是一群智力、学历、家庭背景等条件相差不大的年轻人，调查结果发现：

60%的人：目标模糊

27%的人：没有目标

10%的人：有比较清晰的短期目标

3%的人：有十分清晰的长期目标

经过25年的跟踪调查，耶鲁大学发现，那些长期朝着既定目标不懈努力的3%的人，几乎都成为社会各界的成功人士，他们的收入总和，较其余97%的人的收入总和还要多。相反的，那27%没有任何目标的人，几乎都生活在社会的最底层，经常失业，穷困潦倒，依靠社会救济过活。

（1）上述调查是在美国哪一所著名大学进行的？请在正确答案前的□加上√号

□ a. 耶鲁大学　　□ b. 哈佛大学

□ c. 牛津大学　　□ d. 剑桥大学

（2）调查的对象是什么人？请在正确答案前的□加上√号

□ a. 该校的所有学生　　□ b. 该校的学士毕业生

□ c. 该校的硕士毕业生　　□ d. 该校的博士毕业生

（3）调查在哪一年开始？请在正确答案前的□加上√号

□ a. 1943年　　□ b.1953年

□ c. 1963年　　□ d. 1973年

（4）那群被调查的学生有什么特点？请在正确答案前的□加上√号

□ a. 智力、身高、家庭背景等条件都相差不大

□ b. 体重、身高、家庭背景等条件都相差不大

□ c. 智力、发色、家庭背景等条件都相差不大

□ d. 智力、学历、家庭背景等条件都相差不大

（5）调查的主题是什么？请在正确答案前的□加上√号

□ a. 犹豫对人生的影响　　□ b. 过去对人生的影响

□ c. 目标对人生的影响　　□ d. 努力对人生的影响

（6）有多少年轻人有十分清晰的长期目标？请在正确答案前的□加上√号

□ a. 2%　　□ b. 3%

□ c. 4%　　□ d. 5%

（7）有多少年轻人没有任何目标？请在正确答案前的□加上√号

□ a. 23%　　□ b. 25%

□ c. 27%　　□ d. 29%

(8) 有多少年轻人目标模糊？请在正确答案前的□加上√号

□ a. 60%　　□ b. 50%

□ c. 40%　　□ d. 30%

(9) 有多少年轻人有比较清晰的短期目标？请在正确答案前的□加上√号

□ a. 5%　　□ b. 10%

□ c. 15%　　□ d. 20%

(10) 上述调查在哪一年结束？请在正确答案前的□加上√号

□ a. 1974年　　□ b. 1976年

□ c. 1978年　　□ d. 1980年

(11) 那些具有清晰的长期目标的硕士生，25年后成了什么样的人？请在正确答案前的□加上√号

□ a. 社会各界的成功人士

□ b. 社会各界的专业人士

□ c. 社会各界的管理人才

□ d. 社会各界的中层人士

(12) 那些有清晰的长期目标的年轻人，25年后的收入如何？请在正确答案前的□加上√号

□ a. 较其余93%的人的收入总和还要多

□ b. 较其余97%的人的收入总和还要多

□ c. 较其余90%的人的收入总和还要多

□ d. 较其余87%的人的收入总和还要多

(13) 那些没有任何目标的人，25年后的处境如何？请在正确答案前的□加上√号

□ a. 生活自由，而且无忧无虑

□ b. 生活困难，并且要努力工作

□ c. 穷困潦倒，经常失业，靠社会救济过活

□ d. 生活艰苦，但不需为生活忧虑

（14）通过这项调查，你领悟到了什么？请在正确答案前的□加上√号

□ a. 一定要入读世界著名的大学，而且要争取优异的成绩

□ b. 要努力成为成功人士

□ c. 要自食其力，永远不要靠社会救济

□ d. 决定我们未来的不是才华、智力和家庭背景，而是是否能订立目标

三 我要活下去

第二次世界大战期间，著名的精神科及心理学专家弗兰克(Viktor E Frankl) 曾在德国的纳粹集中营度过三年的非人生活。根据资料记载，那个集中营活下来的人不到5%。后来弗兰克发现，当年能够在极度困境中顽强地活下去的囚犯，都有一个共同特点，就是他们各自都有明确的目标 —— 活着与家人重逢，或者著作尚未完成，或其他要做的事没有做完等等。

（1）弗兰克 (Viktor E Frankl) 的职业是什么？请在正确答案前的□加上√号

□ a.战俘 □ b. 精神科及心理学专家

□ c.作家 □ d. 士兵

（2）弗兰克 (Viktor E Frankl) 在纳粹集中营度过了多少岁月？请在正确答案前的□加上√号

□ a.1年 □ b. 两年

□ c.3年 □ d. 4年

（3）有百分之多少的人在那个集中营活了下来？请在正确答案前的□加上√号

□ a.不到2% □ b. 不到3%

□ c.不到4% □ d. 不到5%

（4）那些活下来的战俘有什么共同特点？请在正确答案前的□加上√号

□ a.大家都想念家人 □ b. 大家都有未完成的著作

□ c.大家各自都有明确的目标 □ d. 大家都渴望自由

四《今日美国》的发现

2003年2月，《今日美国》(USA Today) 刊登了一篇关于订立新年目标的文章。一年前，该报社曾做了一个关于2002年新年目标的访问，结果分为两大类：一类人是把新年的目标写下来，另一类人只是想一想而已。

一年后，只是想一想而没有把目标写下来的人当中，只有4%的人有了一些改变，而把目标写下来的人当中，有46%的人达成了他们的目标。

（1）哪一本杂志在2002年做了关于新年目标的访问？请在正确答案前的□加上√号

□ a.《今日美国》(USA Today)　　□ b.《昨日美国》(USA Yesterday)

□ c.《未来美国》(USA Tomorrow)　　□ d.《未知美国》(USA Unknown)

（2）上述访问是在什么期间进行的？请在正确答案前的□加上√号

□ a. 感恩节　　□ b. 新年

□ c. 圣诞节　　□ d. 复活节

（3）上述访问为期多久？请在正确答案前的□加上√号

□ a. 两年　　□ b. 1年半

□ c. 1 年　　□ d. 半年

（4）那些把目标写下来的人当中，百分之多少的人能达成自己的目标？请在正确答案前的□加上√号

□ a. 40%　　□ b. 42%

□ c. 44%　　□ d. 46%

（5）那些没有把目标写下来的人当中，百分之多少的人有了一些改变？请在正确答案前的□加上√号

□ a. 3%　　□ b. 4%

□ c. 5%　　□ d. 6%

（6）通过这个故事，你领悟到了什么？请在正确答案前的□加上√号

□a. 把你的目标写下来，就能将达成目标的机会增加11倍
□b. 把你的目标写下来，就能将达成目标的机会增加10倍
□c. 把你的目标写下来，就能将达成目标的机会增加9倍
□d. 把你的目标写下来，就能将达成目标的机会增加8倍

五 老人的死亡

根据统计，美国养老院的老人，其死亡率在生日或假日后会暴增。因为大部分老人将自己的生日或某些假日定为目标，并计划要好好度过。

但等到那天过后，他们心中对生存的意志力就会减弱。此外，有不少濒临死亡的老人，总希望能拖延到某一个有意义的日子才去世，如儿子成婚、孙子出世、结婚纪念日等。结果，有些人确实“如愿以偿”。

（1）美国养老院的老人，其死亡率通常在哪些日子过后便会暴增？请在正确答案前的□加上√号

□ a. 结婚纪念日　　□ b. 子女生日
□ c.朋友结婚的日子　　□ d. 自己生日

（2）为何那些老人在目标日子过后便死亡？请在正确答案前的□加上√号

□ a. 生存的机会减弱　　□ b. 生存的危机感减弱
□ c.生存的意志力减弱　　□ d. 生存的乐趣减弱

（3）那些濒临死亡的老人由于期盼哪些日子而延迟去世？请在正确答案前的□加上√号

□ a. 有生命力的日子，如运动日或长跑日
□ b. 有意义的日子，如儿子成婚或孙子出世
□ c.有发财机会的日子，如赛马日或赌博日
□ d. 有乐趣的日子，如万圣节或愚人节

（4）针对这种特殊的现象，你领悟到了什么？请在正确答案前的□加上√号

☐ a. 订立目标是生命力的源泉

☐ b. 订立目标是人生乐趣的源泉

☐ c.订立目标是影响力的源泉

☐ d. 订立目标是创造力的源泉

第 1 课　学习重点

✽目标就是对未来的实践。

✽订立目标能为自己找到奋斗的方向。

第2课

目标的影响

一个没有目标的人就像一艘没有舵的船，永远漂流不定。

一个人若没有一定的目标，就无法专心去做一件事，也会失去干劲。相反地，若有了目标，生活有了重点，我们内心的力量才找得到方向，并且能集中精神付诸实际行动。

一 爱国者导弹

爱国者导弹是美国著名的飞弹防御系统，当发现有其他飞弹入侵时，它的计算机系统便会不停地监控自己的方向，以便追踪并截击，直至目标被击落为止。同样的，我们内心也拥有资源导航系统，一旦你的目标被明确地锁定，你的头脑就好像爱国者导弹一样，会明确地追踪这个目标，直到目标实现为止。

（1）当发现其他飞弹入侵时，爱国者导弹如何作出防御？请在正确答案前的□加上√号

□ a. 追踪并截击，直至目标失踪为止

□ b. 追踪并截击，直至目标逃离为止

□ c. 追踪并截击，直至目标被击落为止

□ d. 追踪并截击，直至目标消失为止

（2）我们的头脑在哪方面类似爱国者导弹？请在正确答案前的□加上√号

□ a. 明确追踪目标，直到目标实现为止

□ b. 明确追踪目标，直到目标消失为止

□ c. 明确追踪目标，直到目标远离为止

□ d. 明确追踪目标，直到目标转移为止

二 我的资源导向系统

假如你已决定购买一款渴望已久的运动鞋，并且将这个目标写出来，你的资源导向系统就已经启动了。因为你清晰地记住了这款运动鞋的外形，并且会在逛街或阅读杂志时留意它的出现。不论在任何地方，你的脑海里都有可能出现它的形象。

你是否曾经有过类似的经验？试简述：

____

____

____

三 目标的影响

●下列是订立目标对你的一些影响，请尝试找出其原因，并在正确答案前的□加上√号

（1）给自己的生活确定一个方向：因为________。

□ a. 知道什么是自己想要的　　□ b. 不用做不喜欢做的事

（2）省下金钱：因为________。

□ a. 金钱只花在能达成目标的用途上　　□ b. 不会偏重于单一目标

（3）省下时间：因为________。

□ a. 不再把时间用于目标以外的事　　□ b. 只做短时间能完成的事

（4）不会拖延懈怠：因为________。

□ a. 知道什么是自己想要的　　□ b. 这样才能早点达成目标

（5）在所选定的领域上集中精神和力量：因为________。

□ a. 不用做重要的事　　□ b. 知道自己的方向

（6）变得积极：因为________。

□ a. 目标是不能实现的　　□ b. 目标是可以实现的

（7）发挥自己的潜能：因为________。

□ a. 全神贯注及运用自己的优势去达成目标

□ b. 自己的能力比别人强

（8）使自己能未雨绸缪：因为________。

□ a. 可避免别人妨碍自己的进步

□ b. 能预先计划，而不是等待别人的指示

（9）预见达成目标后的喜悦：因为________。

□ a. 目标是可以改变的　　□ b. 目标是看得见摸得着的

（10）更有信心：因为________。

☐ a. 通过达成众多小目标来完成大目标　☐ b. 知道什么是自己不需要的

（11）更有成就感：因为________。

☐ a. 逐步接近及实现我们的目标　☐ b. 逐步远离及放弃我们的目标

（12）有助于评估进展：因为________。

☐ a. 不会被日常的琐事所阻挡

☐ b. 能够根据自己距离目标有多远来调整目前的进度

（13）过均衡的生活：因为________。

☐ a. 目标是看得见摸得着的　☐ b. 不会偏重于单一的目标

（14）更有远见：因为________。

☐ a. 对未来有一个清晰的蓝图　☐ b. 知道自己的弱点

四 你要做哪一种人？

有目标的人和没有目标的人因为怀着不同的生命意义和动机，所以过着不同的生活。此外，他们会流露出不同的特质。

●下列哪些是有目标的人的特质？请在正确答案前的☐加上√号

☐ a. 知道自己的方向　☐ b. 情绪健康

☐ c. 更有远见　☐ d. 甘于平庸

☐ e. 经常抱怨　☐ f. 追求卓越

☐ g. 对人生失望　☐ h. 生活缺乏生气

☐ i. 充满热情　☐ j. 没有方向

☐ k. 随波逐流　☐ l. 一成不变

☐ m. 把握现在　☐ n. 立即行动　☐ o. 得过且过

第 2 课　学习重点

✽目标就是对未来的实践。

✽订立目标能为自己找到奋斗的方向。

第3课 你的目标

如果不知道自己的箭靶位置，又怎能射中它呢？

你追求什么？你有什么梦想？你想成为一个什么样的人？你想拥有什么？你想过什么样的生活？你的目标就是你真正想要的东西。

一 李小龙的目标

已故武打巨星李小龙年少时身体孱弱，绝不具备成为运动健将的先天条件，但他凭着决心和努力，成功地运用武术哲学创出独特的“截拳道”，而且被权威武术杂志《黑带》誉为世界十大高手之一。此外，他是第一位在好莱坞成名的华人演员，也是第一位掀起外国人学习“中国功夫”热潮的武术大师。他独特的招式、眼神、叫声及举手投足，疯魔了万千影迷。

1969年初，在李小龙还未成为国际功夫巨星之前，他曾以“白纸黑字”写下自己的目标：“我——李小龙，将会是美国片酬最高的东方超级巨星。为了达到这个目标，我愿意付出努力，为观众带来最刺激的功夫表演，尽我所能成为有素质的演员；从1970年开始，我将扬名天下；20年之内，我将拥有一千万家产。从此，我要过我喜欢的生活，得到内心的和谐与快乐。”

（1）李小龙少年时的体质如何？请在正确答案前的□加上√号

□ a. 普通　□ b. 孱弱　□ c. 强壮　□ d. 良好

（2）李小龙被哪一本武术杂志誉为世界十大高手之一？请在正确答案前的□加上√号

□ a.《红带》　□ b.《紫带》　□ c.《绿带》　□ d.《黑带》

（3）李小龙在哪个国家首先成名？请在正确答案前的□加上√号

□ a. 中国　□ b. 美国　□ c. 英国　□ d. 泰国

（4）李小龙运用哪种知识创出独特的“截拳道”？请在正确答案前的□加上√号

□ a. 医学　□ b. 佛学　□ c. 哲学　□ d. 科学

（5）李小龙以哪种形式来记录自己的目标？请在正确答案前的□加上√号

□ a. 白纸黑字　□ b. 记在脑海

□ c. 口述　□ d. 输入电脑

（6）你从李小龙的目标学到了什么？请在正确答案前的□加上√号（可选择多个答案）

□ a. 写下目标

□ b. 愿意付出代价及努力

□ c. 目标远大

□ d. 有达成目标的期限

□ e. 只求成功，不择手段

□ f. 企求别人帮忙

□ g. 目标明确——最高片酬的东方巨星 / 一千万家产

□ h. 目标平衡——顾及生活、事业及心灵

□ i. 只需努力，不需理会观众的感受

二 我的目标

你可以选择一个安静的环境，独自倾听自己内心的声音，静静地思考自己的各项目标。现在，请写出你的目标，并把它视为送给自己的“礼物”。

- 请不要犹豫，把你所想到的都写出来，包括你想拥有的、你想做的、你想成为的、你想改善或戒除的……
- 尽可能写下很多目标，我们要求的是“数量”，这好比艺术家在画纸上开始正式绘画之前，都会先拟出数以百计的草图；小说家也会先撰写好几百页的草稿，最终只采纳其中一小部分；摄影师们也会拍下无数的作品，最后采用的可能只是寥寥几幅。
- 试描述你想要去完成的任何改变 —— 健康、学业、家庭或其他事情。
- 不必停下来去修正或删除这些目标。
- 别去担心该如何完成这些目标中的任何一项。
- 即使某项目标看似不切实际，也别随意将它舍弃。
- 请定期进行这项练习。

示例：

- 去南极探险
- 到非洲旅游
- 学会小提琴
- 创立一间跨国公司
- 让自己更谦虚
- 有一座别墅
- 健康的身体
- 有自己的睡房
- 在校刊上发表文章
- 成为篮球校队成员
- 拥有更多闲暇时间
- 到法国度假
- 与家人更亲近
- 拥有更多玩具
- 开设一间餐厅
- 成为足球明星
- 成为一位医生
- 帮助更多的人
- 到无国界医疗队当义工
- 参加游泳队
- 期中考试全部科目获90分以上
- 每天运动半小时
- 阅读一千本课外书
- 成为专业的导演
- 取得空手道“黑带”
- 考上一流大学
- 购置一台新电脑
- 成为音乐家
- 成功减肥
- 买一对新波鞋
- 学会打网球
- 进入“火箭”班
- 拥有更多朋友
- 学习日文

我的目标：

第3课　学习重点

❀我的目标就是自己想要的。

❀请写下你的目标。

第4课

终极目标

生命会给你所要的东西，只要你不断地向它要，只要你在要的时候讲得清楚。

——爱因斯坦

许多人一生埋头苦干，却不见得有意义。因此，我们务必要掌握真正重要的人生目标，然后勇往直前，坚持到底，直到达到目标为止。否则，我们就会走冤枉路，甚至直到人生终了时才发现“搭”错了车，而那便为时已晚了。

一 六点半的新闻

●请你撰写一份电视新闻稿，而报道的事件便是你自己未来自传的一部分，请你亲自读出这篇新闻报道。

例如：

2030年5月9日，北京电视台“六点半”新闻报道：昨天，一位名叫xxx的中国人获得诺贝尔化学奖，他（或她）是首位获取此项大奖的中国人……

●我的报道：

二 我的人生故事

我们总有一天会离开世界，但是在死亡之前，我们可以留些什么给后人呢？ 你会有什么成就？曾发明什么专利？曾获得世界冠军？曾为他人服务、奉献？著有世界名著？建立丰功伟绩……你的同事、家人及朋友会怎样评价你？

你可以想象自己已年届80高龄，正要对自己的孙子们细说你丰富的人生阅历和成就。经历了几十年的岁月，从出生、上学，到工作及结婚等种种经历，你将如何开始你的故事？追溯你生命的源头，你故事的主题将会是什么？

●请通过这个实验确认你的人生终极目标或真正梦想

我的人生故事：

第4课 学习重点

✽终极目标是人生真正重要的目标，即你自己希望获得的评价。

✽通过“人生故事”来思考自己可以给后世人留下什么。

第5课

十大个人目标(1)

生活是平衡的，通过平衡的生活，你将获得成功和快乐。

有些人漫无目的地度过自己的人生，又有些人订立了太多的目标，结果有很多目标不能达到。

要有一个平衡的人生，我们便要将有限的时间分配在十大范畴之内——学识、家庭、修养、健康、朋友、兴趣、精神、休闲、服务、财务。试想想，若我们在学业上很成功，但家庭关系却一塌糊涂，或是在身体健康方面存在严重问题，这样的人生你会觉得开心吗?

生命就是一个大的车轮，一个有缺口的车轮在行驶中总是举步维艰——人生也是如此!

一 均衡的生活

（1）何谓均衡的生活？请在正确答案前的□加上√号

□ a. 将时间用在服务社会上

□ b. 将时间用在家庭及健康方面

□ c. 将时间用在学识及修养上

□ d. 将时间用在多个帮助自己成长的范畴之内

（2）我们应将时间用在下列哪些范畴之内？请在正确答案前的□加上√号

□ a. 健康　　□ b. 精神

□ c. 服务　　□ d. 朋友

□ e. 兴趣　　□ f. 休闲

□ g. 抱怨　　□ h. 学识

□ i. 报复　　□ j. 赌博

□ k. 修养　　□ l. 财务

□ m. 家庭

（3）一个均衡的人生就好比下列哪样东西？请在正确答案前的□加上√号

□ a. 有缺口的车轮　　□ b. 方形的车轮

□ c. 圆形的车轮　　□ d. 菱形的车轮

（4）为什么我们要有一个均衡的生活？请在正确答案前的□加上√号

□ a. 均衡的生活是人生快乐的泉源

□ b. 均衡的生活令我们举步维艰

□ c. 均衡的生活能帮助我们达成目标

□ d. 均衡的生活可以提升我们的学识和修养

（5）在人生的不同时期，我们的目标会有不同的侧重，下列哪项是恰当的做法？请在正确答案前的□加上√号

□ a. 学生时应致力休闲

□ b. 学生时应致力赚钱

□ c. 学生时应致力增加学识

□ d. 学生时应致力服务社会

你是否希望自己有一个平衡的人生？

二 学识

无知比贫穷更可怕

哪些科目是你希望提升成绩的？
你想阅读哪些课外书？
哪些证书是你想取得的？
你想获得哪个程度的高等教育学位？学士、硕士、博士？
(以上问题仅供参考)

●**请写下你的目标：**

三 家庭

任何成功都不能弥补家庭的失败

你希望每天有多少时间与家人相处？
你希望假期与家人到哪里去？
你希望改善与家人的沟通吗？
你如何表达对家人的爱？
(以上问题仅供参考)

●**请写下你的目标：**

四 修养

每天反省有没有做出违背良心的事，是否有愧别人？这是个人修养中最重要的事。

——甘地

你的性格有什么缺点？
你要如何学习谦虚、诚实、仁爱、包容、信心、善良……
什么人是最值得你尊敬的？她（或他）有什么美德？
你要如何成为别人的榜样？
(以上问题仅供参考)

●请写下你的目标：

第5课 学习重点

- 均衡的生活即是将时间分配在健康、修养、学识、家庭、朋友、财务、兴趣、精神、休闲及服务十大范畴之内。
- 学识——无知比贫穷更可怕。
- 家庭——任何成功都不能弥补家庭的失败。
- 修养——每天自我反省。

第6课

十大个人目标(2)

人生是由无数个目标组合而成的。

对很多人而言，成功指的是财富；但也有一些人认为，成功是指名誉与地位；还有些人毕生追求高深的学识或幸福美满的婚姻、良好的亲子关系等。可惜，光是事业、财富或名誉等某些方面的成功不能算是真正的成功，唯有兼顾个人成长、人际关系、服务社群、家庭等其他层面的圆满和谐，才是“真正的成功”。

一 追求全面的成功，才是真正的成功

（1）何谓真正的成功？请在正确答案前的□加上√号

□ a. 事业、财富及名望的成功

□ b. 家庭关系、服务社群及社会地位的成功

□ c. 个人成长、人际、事业、家庭及人生其他层面的圆满和谐

□ d. 健康、事业及学识的成功

二 健康

没有健康，什么事也不能做。

你希望自己的体重有多少斤？

你改掉哪些坏习惯（例如偏食或依赖零食）之后可以改善身体健康？

你有什么运动计划？

你能为保持身体的健康做哪些事情？

(以上问题仅供参考)

●请写下你的目标：

____

____

____

三 朋友

人生没有朋友，犹如在地球上见不到太阳。

你想和哪些人建立更深的友谊？

哪些多年没有联络的朋友是你想联系的？

你能做些什么使你与朋友的关系得到改善？

你怎么做才能与老朋友保持良好的联系？

(以上问题仅供参考)

●请写下你的目标：

四 兴趣

唯有对外界事物抱有兴趣，才能丰富心灵，为生活增添乐趣。

你希望自己的兴趣能达到一个什么样的水平？例如弹钢琴的技艺。
你希望培养自己哪方面的兴趣？你如何提升这一方面的能力？
你在个人兴趣方面有哪些志同道合的朋友？如何与其结交？
(以上问题仅供参考)

●请写下你的目标：

五 精神

愉快的心境能使我们远离疾病的困扰

你每天做些什么才能达到心境的愉快与宁静？
你时时觉得满足、平安并能体会生命的美好吗？
你认为自己生活在爱和幸福之中吗？
(以上问题仅供参考)

● 请写下你的目标：

第6课 学习重点

- 真正的成功是能兼顾个人成长、人际关系、服务社群、家庭关系等人生各层面的圆满和谐。
- 健康——没有健康，什么事也不能做。
- 朋友——人生没有朋友，犹如在地球上见不到太阳。
- 兴趣——唯有对外界事物抱有兴趣，才能丰富心灵，为生活增添乐趣。
- 精神——愉快的心境能使我们远离疾病的困扰。

第7课

十大个人目标(3)

远大的目标可以产生巨大的动力。

1. 学识：确立智能、学习成绩、进修计划等目标。
2. 家庭：确立家庭环境、家人关系及家居管理等目标。
3. 修养：确立性格、行为、态度及品德等目标。
4. 健康：确立饮食、运动、生理及体形等目标。
5. 朋友：确立维系、加深友谊及开展新友谊的目标。
6. 兴趣：确立培养新爱好及良好活动等目标。
7. 精神：确立信仰、心境及调整情绪的时间等目标。
8. 服务：确立承担家庭责任、帮助他人及完成捐助等目标。
9. 休闲：确立放松心情、丰富生活内容及开拓新视野的目标。
10. 财务：确立物质生活、储蓄及收支预算等目标。

一 十大个人目标

（1）下列哪一项是关于“健康”的目标？请在正确答案前的□加上√号

□ a. 考取水上救生员资格证书

□ b. 每天运动半小时

□ c. 每月与朋友相聚一次

□ d. 帮助伤残的同学返回学校

（2）下列哪一项是关于“家庭”的目标？请在正确答案前的□加上√号

□ a. 每天找时间欣赏自己喜爱的音乐

□ b. 储蓄零用钱的十分之一

□ c. 阅读10本课外书

□ d. 每天要与家人相聚两小时

（3）下列哪一项是关于“精神”的目标？请在正确答案前的□加上√号

□ a. 替妈妈清洁地板

□ b. 每天阅读20分钟《圣经》

□ c. 改变自己骄傲自大的缺点

□ d. 与好朋友切磋篮球技术

（4）下列哪一项是关于“财务”的目标？请在正确答案前的□加上√号

□ a. 给好朋友发电子圣诞卡

□ b. 向慈善团体捐款200元

□ c. 四周之内储蓄1 000元

□ d. 到郊外旅行

（5）下列哪一项是关于“朋友”的目标？请在正确答案前的□加上√号

□ a. 完成大学课程

□ b. 细心聆听朋友的倾诉

□ c. 向妈妈学习善良、爱心及包容

□ d. 改变自己不正确的看书姿势

（6）下列哪一项是关于“休闲”的目标？请在正确答案前的□加上√号

☐ a. 到湖边钓鱼
☐ b. 减少购买零食
☐ c. 为家人服务
☐ d. 与小学同学重新建立联系

（7）下列哪一项是关于“服务”的目标？请在正确答案前的☐加上√号

☐ a. 买一双心爱的波鞋　　☐ b. 到敬老院当义工
☐ c. 学会游泳　　☐ d. 静心欣赏大自然的景色

（8）下列哪一项是关于“学识”的目标？请在正确答案前的☐加上√号

☐ a. 指导妹妹功课
☐ b. 获取优良的考试成绩
☐ c. 到日本旅行
☐ d. 每天运动半小时

（9）下列哪一项是关于“修养”的目标？请在正确答案前的☐加上√号

☐ a. 要时常心存善念
☐ b. 学会小提琴
☐ c. 与朋友一起唱卡拉OK
☐ d. 使英文学科获得A 级成绩

（10）下列哪一项是关于“兴趣”的目标？请在正确答案前的☐加上√号

☐ a. 常怀感恩之心
☐ b. 减重5公斤
☐ c. 要有感恩的心
☐ d. 成为篮球队的队员

二 服务

人类最高的情操就是不断地为人服务，为人类的爱而工作。

——甘地

你想参加哪些公益活动？
你能为班集体提供什么便利或服务？
你想给家人或其他人怎样的帮助？
你是否愿意把多余的玩具或图书送给别人？
(以上问题只供参考)

●请写下你的目标：

三 休闲

适当的休闲能放松人的情绪，陶冶人的情操。

哪些休闲活动是你想要参加的？
下次假期你想去哪里？
哪些书你是纯粹为娱乐而阅读的？
哪些音乐CD或录像带是你想欣赏的？
(以上问题仅供参考)

●请写下你的目标：

四 财务

金钱的喜悦，不在于单纯的拥有，也不在于奢华的开支，而在于智慧地应用。

你打算今年储蓄多少钱？
你打算预留多少钱用来给家人买礼物？
你如何节省开支？
你是否有其他方法增加收入？
(以上问题仅供参考)

● 请写下你的目标：

五 十大个人目标评估

● 请对你的十大目标作一次自我检查（请在数字上画上圆圈）

1：最不满意　　10：最满意

健康	1	2	3	4	5	6	7	8	9	10
修养	1	2	3	4	5	6	7	8	9	10
学识	1	2	3	4	5	6	7	8	9	10
家庭	1	2	3	4	5	6	7	8	9	10
朋友	1	2	3	4	5	6	7	8	9	10
财务	1	2	3	4	5	6	7	8	9	10
兴趣	1	2	3	4	5	6	7	8	9	10
精神	1	2	3	4	5	6	7	8	9	10
休闲	1	2	3	4	5	6	7	8	9	10
服务	1	2	3	4	5	6	7	8	9	10

●请把你的得分用下列图形展示出来

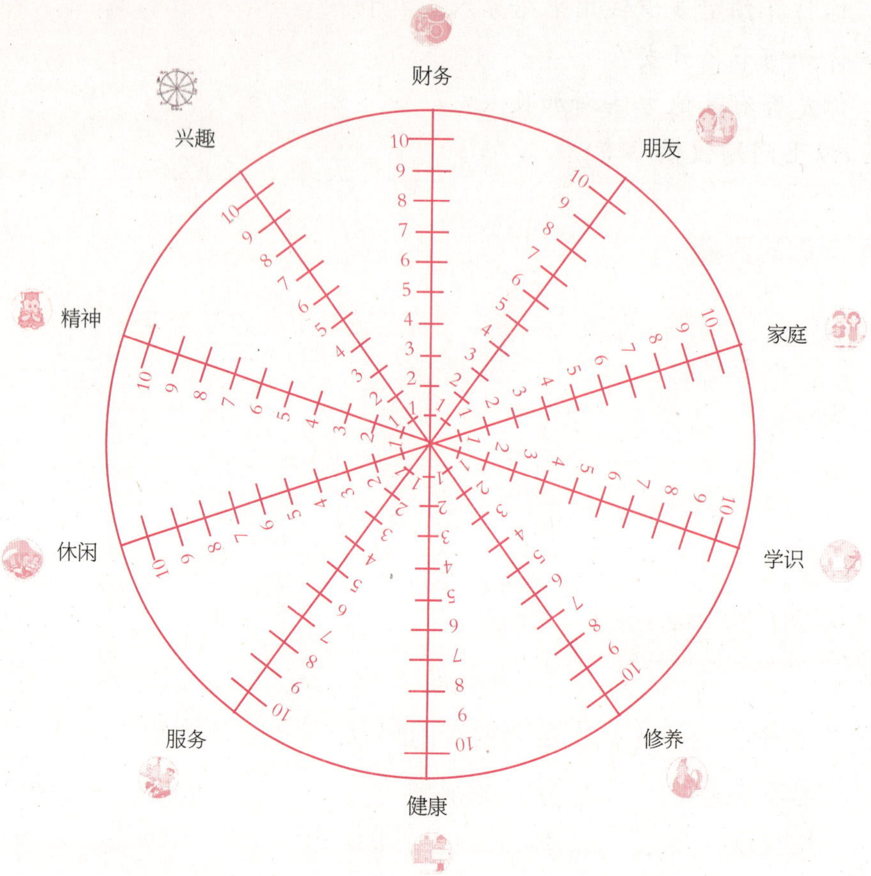

目标轮

这个圆是否有缺口？　　这个圆是否太细小？

第7课　学习重点

- ✽十个领域的个人目标：健康、家庭、精神、财务、朋友、休闲、服务、学识、修养及兴趣。
- ✽服务——人类的最高情操就是不断地为人服务，为人类的爱而工作。
- ✽休闲——适当的休闲能放松人的情绪，陶冶人的情操。
- ✽财务——金钱的喜悦，不在于单纯的拥有，也不在于奢华的开支，而在于智慧地应用。
- ✽“目标轮”能展示你的目标是否平衡，或仍然有很大的进步空间。

第8课

有效的目标

一个没有真正订下生活目标的人永远是失败的。

你想在人生的旅程中得到什么？你追求什么？你要成为什么样的一个人？你想过什么样的生活？当你决定一个目标时，最好让这个目标符合以下“SMART”及“CLEAR”的条件。

S.M.A.R.T.“聪明”目标设定法：

有目标、有追求的生活，才会是有意义的人生。失败的人通常是目标不清晰甚至漫无目标的人，所以明确自己的目标，才更容易成功。

一个人要制定有效的目标，可参考下列“SMART”模式所提出的五个条件。

☆Specific　明确的
☆Measurable　可以量度的
☆Achievable　实际可行的
☆Rewarding　有足够满足感的
☆Time limited　有时间限制的

一 Specific明确的

即目标要尽量说得具体，不要含糊不清或太宽泛。

●请在明确的目标前的□加上√号（可选择多个答案）：

□ a. 我要有美满的家庭生活
□ b. 我要学好英语
□ c. 我要完成本学期的选修课程
□ d. 我要成为全校的长跑冠军
□ e. 我希望有更多空闲时间
□ f. 我要在本月底之前完成暑假作业

二 Measurable可以量度的

即把目标确定为一定的指标，以便我们监督进度和成效。

●请在可以量度的目标前的□加上√号（可选择多个答案）：

□ a. 我要减肥
□ b. 我要让体重减5公斤
□ c. 我要多读课外书
□ d. 我要每天阅读一小时课外书
□ e. 我要每天储蓄5元钱

□ f. 我要每天背会100个英文单词

三 Achievable实际可行的

不可能达到的目标可以说是“幻想”或“白日梦”，而要实现一个实际可行的目标，必须对自己的资源、时间及能力作出详细的判断。此外，我们更要留意自己是否能控制实现目标的整个过程。

●请在实际可行的目标前的□加上√号（可选择多个答案）：

□ a. 我要永远开心愉快，没有忧愁

□ b. 我的身高虽然只有156厘米，但我立志成为NBA的篮球巨星

□ c. 我将来要作一名工程师

□ d. 我要妹妹永远青春美丽

□ e. 我想到美国旅行

□ f. 我将来要买一栋别墅

四 Rewarding 有足够满足感的

想一想，当你达成你的目标时，你的心情会是怎样的？别人对你的评价如何？你是否有一个肯定的满足感？

●请在能带来足够满足感的目标前的□加上√号（可选择多个答案）：

□ a. 主办完成一个筹款音乐会

□ b. 完成今天的作业

□ c. 在书法比赛中赢得冠军

□ d. 资助山区儿童读书

□ e. 按时到达学校

□ f. 参加周会活动

五 Time limited 有时间限制的

没有时间限制的目标，很容易被我们用各种借口来推迟。相反地，有了时间限制，我们才能推动自己加速行动。

●请在有时间限制的目标前的□加上√号（可选择多个答案）：

☐ a. 我希望明年能到美国参加夏令营
☐ b. 我要成为一位出色的画家
☐ c. 我要在10年之内取得博士学位
☐ d. 我要成为诗人
☐ e. 我要开一间属于自己的公司
☐ f. 我要在19岁时考取驾驶执照

C.L.E.A.R“清楚”目标设定法:

除了S.M.A.R.T“聪明”目标设定法外，C.L.E.A.R“清楚”目标设定法也提供五个条件帮助我们制定有效的目标。

☆Challenging	具有挑战性
☆Legal	合法
☆Ecologically Sound	各方得益的
☆Appropriate	适合自己的
☆Responsible	负责任的

六 Challenging 具有挑战性

所谓具有挑战性的目标，是指一些能提升我们极限的大目标，这种目标能使我们的内在潜能得到最大限度的发掘。因此，当我们的目标越高远并且越有挑战性，我们的进步就越大。

●请在具有挑战性的目标前的☐加上√号（可选择多个答案）：

☐ a. 在联校运动会上夺取奖牌，为学校争光
☐ b. 到超级市场购物
☐ c. 获取博士学位
☐ d. 打扫自己的房间，使它焕然一新
☐ e. 到麦当劳餐厅吃一个汉堡包
☐ f. 能拥有自己的牧场

七 Legal 合法

身为社会的一分子及良好市民，我们的目标不能与法律有所抵触。

- 请在合法的目标前的□加上√号（可选择多个答案）：

□ a. 偷取一部新单车
□ b. 造访世界各地著名的度假温泉
□ c. 请老师提供考试题的答案
□ d. 让自己更有幽默感
□ e. 帮家人做家务
□ f. 给垃圾分类，使其能够被回收及再利用

八 Ecologically Sound 各方得益的

“各方得益”是指当我们订立目标时，要考虑到“三赢”的重要性（你好、我好、世界好）。因此，任何目标都不应损害其他人的利益或者跟别人有冲突。否则，就是自私自利的行为。

- 请在可让各方得益的目标前的□加上√号（可选择多个答案）：

□ a. 为了能够出国读书，花光家人毕生的积蓄
□ b. 为了要生产更好的产品，将有害的废料倒进河里
□ c. 出资为那些无家可归的老人建造栖身之所
□ d. 研究不会造成空气污染的新型汽车
□ e. 建立一个多功能的图书馆，向数以千计的人免费开放
□ f. 为了降低生产成本，要雇用大量的童工

九 Appropriate 适合自己的

没有比不适合自己的目标更浪费时间了。要节省时间，就要仔细考虑自己的目标是否符合自己的需要及期望，是否能帮助自己迈向更好的未来。

- 请在适合自己的目标前的□加上√号（可选择多个答案）：

□ a. 努力学习一套新的计算机软件，可惜却发觉对自己的学业完全派不上用场
□ b. 努力储蓄去买一部单车，却发现没有骑单车的地方
□ c. 父母期望我成为律师，所以我就放弃了当老师的理想
□ d. 我充满艺术天分，并打算将来成为一名室内设计师
□ e. 我非常喜欢小孩子，并立志将来成为一名幼儿教师

☐ f. 我的身体孱弱，我要每天运动30分钟以保持身体健康

十 Responsible 负责任的

订下的目标，不只要向自己负责，也同样要向亲人或其他人负责。同时，为了其他人而订下的目标，甚至更具推动力，使我们更易达到目标。

●**请在为他人负责的目标前的☐加上√号（可选择多个答案）：**

☐ a. 为了帮助妹妹学习音乐，我要多读音乐方面的书籍
☐ b. 为了给学校筹备购买新设备的经费，我要向其他人推销奖券
☐ c. 我要学会小提琴
☐ d. 我要帮助邻居把车库打扫干净
☐ e. 我将来要为弟弟妹妹支付全部教育费用
☐ f. 我要学习气功

第8课　学习重点

✽S.M.A.R.T.“聪明”目标设定法：
明确的、可以量度的、实际可行的、有满足感的及有时间限制的。
✽C.L.E.A.R“清楚”目标设定法：
具有挑战性、合法、各方得益的、适合自己的及负责任的。

第9课

订立有效的目标

一心向着自己目标前进的人，整个世界都给他让路。

你已学会将目标分配在重要的范畴里，并通过S.M.A.R.T 及C.L.E.A.R原则来确定。现在，请再检视一遍你之前写下的目标：先重新分类并确定，然后写在下面的报表上，并且补充自我嘉许的内容，使自己在每次阅读时都感到满意。

一 S.M.A.R.T.“聪明”目标设定法

☆Specific	明确的
☆Measurable	可以量度的
☆Achievable	实际可行的
☆Rewarding	有足够满足感的
☆Time limited	有时间限制的

二 C.L.E.A.R“清楚”目标设定法

☆Challenging	具有挑战性
☆Legal	合法
☆Ecologically Sound	各方得益的
☆Appropriate	适合自己的
☆Responsible	负责任的

我的目标

分类	目标内容	自我嘉许
1.学识	例：每天阅读一小时课外书	例：我获得了许多新知识，感到很满足。
	无知比贫穷更可怕	
2.家庭	例：我每天给妹妹读一篇故事	例：我和妹妹一起阅读，很开心。
	任何成功都不能弥补家庭的失败	

3.修养 ＊有关修养的目标较难加以量化	例：我要改变自大的缺点	例：我必能战胜自己的弱点
	每天反省有没有做出违背良心的事，是否有愧于别人？这是个人修养中最重要的事。	
4.服务	例：我每星期替妈妈拖一次地板	例：我能减轻妈妈的负担，感到很自豪。
	最高的情操就是不断地为人服务，为人类的爱而工作。	
5.休闲	例：我要利用暑假去九寨沟旅行	例：我享受大自然的新鲜空气及美丽风景
	适度的休闲活动能放松人的情绪，陶冶人的情操。	
6.财务	例：我要在年底前存够1 000元	例：我享受购买自己心爱物件的乐趣
	金钱的喜悦，不在于单纯的拥有，也不在于奢华的开支，而在于智慧地应用。	
7.健康	例：我要每天做半小时运动	例：我像运动员一样强壮，技术了得。
	没有健康，什么事也不能做。	

8.朋友	例：我要给我的朋友发电子圣诞卡	例：我与好朋友互相鼓励
	人生没有朋友，犹如在地球上见不到太阳。	
9.兴趣	例：小提琴的技艺达到七级或七级以上	例：朋友很欣赏我的演奏，我感到很开心。
	唯有对外界事物抱有兴趣，才能丰富心灵，为生活增添乐趣。	
10.精神	例：我要有一颗感恩的心	例：我知道自己是一个满载祝福的人
	愉快的心境能使我们远离疾病的困扰	

第10课

达成目标的动机

你一定会先决定目的地，并且准备好地图，才会出发。

人人都想达成目标，然而为什么有些人能一个一个地达成自己订立的目标，而另外一些人却经常失败？原因只是成功者知道为什么要做这些事情，而且以非常强烈的渴望来推动自己不断向目标迈进。

一 核心目标

“核心目标”是指当你达成这个目标后，其他的目标也都比较容易达成的“重要目标”。例如当你的外语能力加强后，你便更容易结识新的外国朋友，了解外国文化，并且更有自信与人沟通或通过外语能力赚取金钱。

（1）何谓核心目标？请在正确答案前的□加上√号

□a. 当你达成这个目标后，其他的目标都比较难以达成

□ b. 当你达成这个目标后，其他的目标都比较容易达成

□ c. 当你达成这个目标后，其他的目标都相继消失

□ d. 当你达成这个目标后，其他的目标都不能达成

（2）下列哪项是一个“核心目标”？请在正确答案前的□加上√号

□ a. 当学习成绩提高后，便更容易骄傲和轻视朋友

□ b. 当财富增加后，便更容易提高修养和取得优良的学习成绩

□ c. 当外语能力增强，便更容易认识新朋友、更有自信

□ d. 当小提琴的技艺提高后，便更健康和更快乐

（3）请仔细思考五个对你个人最重要的“核心目标”，再按优先次序排列起来：(a) 为首要的，其次为 (b)，依此类推

●**最重要的核心目标：**

a. ______________________________

b. ______________________________

c. ______________________________

d. ______________________________

e. ______________________________

二 达成目标的动机

缺乏动机的目标，会在面临困境时随风而逝。

强烈的动机就是拥有充足的理由，而且理由越多越好、越清楚越好。从另一个角度来说，当你知道自己要什么，知道自己迫切地想要得到它们，这个目标便会深嵌在你内心，继而强烈地产生一种热情，支持你克服所有困难，直至达成目标为止。（较为常见的动机包括别人的褒奖、胜利的滋味、不愿被别人看低、为了家人及爱心等）

（1）缺乏动机的目标会怎样？请在正确答案前的□加上√号

□ a. 随风而逝　　□ b. 较易达成

□ c. 较难达成　　□ d. 深嵌内心

（2）何谓强烈的动机？请在正确答案前的□加上√号

□ a. 少量、明确及软弱的理由

□ b. 大量、模糊及充足的理由

□ c. 少量、强烈及模糊的理由

□ d. 大量、充足及清楚的理由

（3）强烈的动机会产生什么作用？请在正确答案前的□加上√号

□ a. 产生一种热情，支持你克服所有困难

□ b. 产生一种怒气，驱走所有责任

□ c. 产生一种冷气，使人趋于平静

□ d. 产生一种冲动去破坏一切

（4）下列哪些项目是正确的动机？请在正确答案前的□加上√号

□ a. 证明自己的价值

□ b. 赢得别人的敬重

□ c. 加害他人

□ d. 满足感

□ e. 成就感

□ f. 令世界更美好

□ g. 报复

□ h. 发掘自己的潜能

□ i. 逃避责任

□ j. 赢得别人的赞赏

三 我的动力

例子：

目标：英语考试获得A级成绩

理由：得到老师和同学的赞赏

努力发掘自己的潜能

满足我的好奇心

学习过程充满乐趣

有良好的语言能力来应付未来的挑战

更有自信

能阅读更多英文书

认识更多外国朋友

● **现在，请为你的核心目标写下理由，作为自己行动的动力：**

目标：______

理由：______

______

______

______

______

只要有决心和自信，再高的地方，人类都能到达。

目标：______

理由：______

______

______

______

理想必须通过实践，否则只能是梦想。

目标：

理由：

成功的人就像锥子一样，向着某一点不断用力。

目标：

理由：

世界上最重要的事，不在于我们在何处，而在于我们朝着什么地方走。

目标：

理由：

有目标的人生，每一天都过得踏实。

第10课　学习重点

- “核心目标”是指当你达成这个目标后，其他的目标也会比较容易达成的“重要目标”。
- 强烈的动机能产生一种热情，支持你克服所有困难，直到达成目标为止。

第11课

分解目标

你迈步走向一个值得到达的目标之时，你就走上了成功之路。

任何人都应该朝着自己的目标持续前进，但是如果目标过于远大而无法在短期内实现，人们很容易丧失努力的冲劲而中途放弃。这是由于缺乏成就感而造成的。倘若是较容易达到的目标，人们便会抱着积极的心态持续努力。因此，要实现自己的大目标，就必须将它分解成为许多可以实现的小目标，这样我们便会满怀希望地去努力。

一 马拉松比赛

1984年，在东京国际马拉松邀请赛中，名不见经传的日本选手山田本一出人意料地夺得了世界冠军。

当记者访问他时，他告诉了众人他的成功秘诀：

“起初,若我将目标定在40多千米以外的终点线，我觉得距离目标很遥远，而且跑了十几千米后便疲惫不堪。后来，我改变了策略，我把比赛的路线分成几个不同的目标：第一个目标是公园，第二个目标是足球场，第三个目标是……40多千米的赛程，就被我分解成众多小目标，因此我就能成功地跑完全程。”

（1）日本选手山田本一是哪一种运动项目的选手？请在正确答案前的□加上√号

□ a. 短跑　　□ b. 足球

□ c. 柔道　　□ d. 马拉松

（2）如果山田本一将目标一直放在40多千米以外的终点线，他会觉得如何？请在正确答案前的□加上√号

□ a. 非常兴奋，并且会不断努力直至完成

□ b.非常失望，因为他会很容易便到达终点

□ c. 觉得距离目标很遥远，而且跑了十几千米便疲惫不堪

□ d. 觉得距离目标很近，所以不需要太大的气力便到达终点

（3）山田本一在比赛中得到了什么成绩？请在正确答案前的□加上√号

□ a. 冠军　　□ b. 亚军

□ c. 季军　　□ d. 殿军

（4）你从山田本一身上学到了什么？请在正确答案前的□加上√号

□ a. 将第一个目标定在公园，第二个目标定在足球场

□ b. 参加马拉松比赛，夺得冠军

□ c. 将大目标分解成众多小目标，然后逐步完成每个小目标

□ d. 比赛中要及时改变策略

二 分解目标

“千里之行始于足下”。要实现人生的大目标，先要将它分解为长期目标、中期目标、短期目标及日常目标等。实现目标的过程是由现在到将来，由小目标到大目标，一步步前进的。设定目标的方法和实现目标的过程相反，即由将来到现在，由大目标到小目标。

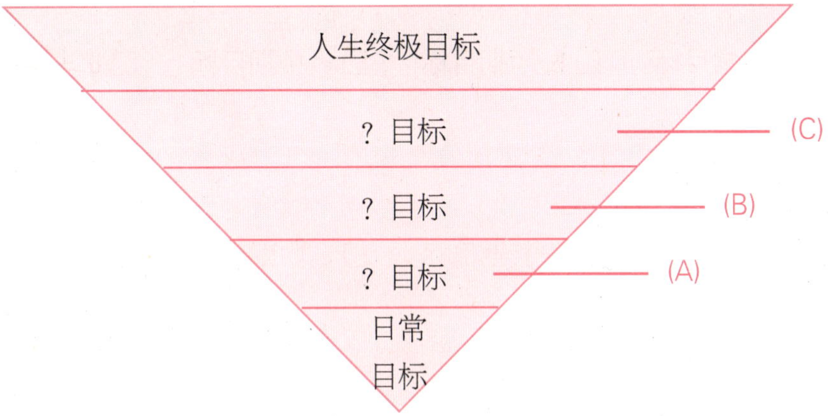

目标漏斗

终极目标：数十年或以上，例如：获取诺贝尔奖。

长期目标：5年或以上，例如：大学毕业。

中期目标：1～5年以内，例如：学好英文。

短期目标：1～12个月，例如：减轻体重。

日常目标：每天 / 每周 / 每月，例如：完成每天的功课。

（1）下列哪项是实现目标的正确程序？请在正确答案前的□加上√号

□ a. 终极目标 → 长期目标 → 中期目标 → 短期目标 → 日常目标

□ b. 日常目标 → 短期目标 → 中期目标 → 长期目标 → 终极目标

□ c. 日常目标 → 中期目标 → 短期目标 → 长期目标 → 终极目标

□ d. 日常目标 → 短期目标 → 长期目标 → 中期目标 → 终极目标

（2）下列哪项是设定目标的正确程序？请在正确答案前的□加上√号

□ a. 终极目标 → 长期目标 → 短期目标 → 中期目标 → 日常目标

□ b. 日常目标 → 短期目标 → 中期目标 → 长期目标 → 终极目标

□ c. 日常目标 → 短期目标 → 长期目标 → 中期目标 → 终极目标

□ d. 终极目标 → 长期目标 → 中期目标 → 短期目标 → 日常目标

（3）根据上图“目标漏斗”，A部分属于哪一类目标？请在正确答案前的□加上√号

□ a. 长期目标　□ b. 中期目标　□ c. 短期目标　□ d. 日常目标

（4）根据上图“目标漏斗”，B部分属于哪一类目标？请在正确答案前的□加上√号

□ a. 日常目标　□ b. 短期目标　□ c. 中期目标　□ d. 长期目标

（5）根据上图“目标漏斗”，C部分属于哪一类目标？请在正确答案前的□加上√号

□ a. 终极目标　□ b. 长期目标　□ c. 中期目标　□ d. 短期目标

（6）“要将中国医术发扬光大”是哪一类目标？请在正确答案前的□加上√号

□ a. 中期目标　□ b. 终极目标　□ c. 短期目标　□ d. 日常目标

（7）“要在两年内完成计算机课程”是哪一类目标？请在正确答案前的□加上√号

□ a. 日常目标　□ b. 短期目标　□ c. 中期目标　□ d. 长期目标

（8）“每星期运动一小时”是哪一类目标？请在正确答案前的□加上√号

□ a. 日常目标　□ b. 短期目标　□ c. 中期目标　□ d. 长期目标

（9）“要在半年内学会1 000个英文单词”是哪一类目标？请在正确答案前的□加上√号

□ a. 终极目标　□ b. 长期目标　□ c. 中期目标　□ d. 短期目标

（10）“要在10年之内成为一位注册工程师”是哪一类目标？请在正确答案前的□加上√号

□ a. 终极目标　□ b. 长期目标　□ c. 中期目标　□ d. 短期目标

三 分解我的目标

●试用下面的表格把自己的目标分解成短期、中期及长期目标。

我的目标			
	短期（1～12个月）	中期（1～5年以内）	长期（5年或以上）
1. 学识			
	当一个人停止学习，他就老了。		
2. 家庭			
	家庭不单是身体的住所，也是心灵的绿洲。		
3. 修养			
	陆地上最广阔的是海洋，比海洋更广阔的是天空，比天空更广阔的是人的胸怀。		
4. 服务			
	只有服务他人，人生才有价值。		
5. 休闲			
	腾不出时间娱乐的人，早晚会被迫腾出时间生病。		

6.财务			
	通往财富的路只有两条 —— 勤勉和节俭。		
7.健康			
	幸福总是在健康之中		
8.朋友			
	与优秀的人交往，会使自己也变得优秀。		
9.兴趣			
	为了得到快乐，我们应该培养一些对身心有益的爱好。		
10.精神			
	愁也一天，喜也一天，遇事不钻牛角尖，人也舒坦，心也舒坦。		

第 11 课　学习重点

- 要实现人生的大目标，就必须将它分解成许多可以实现的小目标，这样我们便会产生成就感而不断努力。
- 实现目标的正确程序：
  日常目标→短期目标→中期目标→长期目标→终极目标

第12课

付出行动和代价

一张地图,不论其内容多么详尽，比例多么精确，它永远不可能让看地图的人在地面上移动半步——只有“行动”才能使你成功!

成功的定律如大自然：先播种，再努力耕种，最后才能得到收获。

当你看到很多出色的人，例如成绩突出的运动员获得数以千万计的奖金、薪酬及广告收益时，你有没有想过，这些成功的运动员的丰厚收入是经过长年累月的刻苦锻炼得来的?

一 迈克·乔丹 (Michael Jordon) 的故事

被喻为NBA职业篮球“飞人”的迈克·乔丹 (Michael Jordon)，曾多次刷新纪录并获得“世纪运动员”的称号。当被问及成功因素时，他坦率地说：“NBA里有不少有天分的球员，我也算是其中之一。造成我跟其他球员差距的原因是，你绝不可能在NBA里面找到像我这么拼命的人。”

（1）迈克·乔丹 (Michael Jordon) 是哪一类项目的运动员？请在正确答案前的□加上√号

□ a. 篮球　　□ b. 足球
□ c. 排球　　□ d. 手球

（2）迈克·乔丹 (Michael Jordon) 有什么成就？请在正确答案前的□加上√号

□ a. 多次赢得NBA入球最多球员奖
□ b.多次赢得NBA最佳防守球员奖
□ c. 多次赢得NBA最佳助攻球员奖
□ d. 获得“世纪运动员”称号

（3）迈克·乔丹 (Michael Jordon) 有哪个外号？请在正确答案前的□加上√号

□ a. 快人　　□ b. 高人
□ c. 飞人　　□ d. 圣人

（4）迈克·乔丹 (Michael Jordon) 与其他NBA球员有何不同？ 请在正确答案前的□加上√号

□ a. 他是NBA里体能最强的人
□ b. 他是NBA里最拼命的人
□ c. 他是NBA里球技最佳的人
□ d. 他是NBA里进攻最快的人

（5）你从迈克·乔丹 (Michael Jordon) 身上学到了什么？ 请在正确答案前的□加上√号

☐ a. 学做“飞人”
☐ b. 成为著名的运动员
☐ c. 找寻自己的天分
☐ d. 成功需要先付出努力

（6）你愿意为自己的目标付出怎样的努力

____

____

____

二 将目标转化成行动

目标订立清楚后，下一个步骤就是制定一套完整的达成目标的行动计划。

问问自己：“我要做些什么才能达到这个目标呢？”想到什么，就随手写下来。等到列举完毕，再重新检查，依优先级重新排列。从最简单、最容易，而且能尽快完成的开始着手。当你循序渐进地完成每一件事时，就会越来越有信心继续努力了。

（1）订立目标后，下一个步骤是什么？请在正确答案前的□加上√号

☐ a. 制定一套完整的达成目标的空白表格
☐ b.制定一套完整的达成目标的各项奖励
☐ c. 制定一套完整的达成目标的行动计划
☐ d. 制定一套完整的达成目标的心理测验

（2）订立目标后，我们应该考虑什么事情？请在正确答案前的□加上√号

☐ a. 做些什么才能达成这个目标
☐ b.放弃什么才能达成这个目标
☐ c. 购买什么才能达成这个目标
☐ d. 减少什么才能达成这个目标

（3）我们该如何处理那些能帮助自己达成目标的意念？请在正确答案前的□加上√号

□ a. 想做什么，随即去做
□ b. 想到什么，就不断去想
□ c. 想到什么，就随手写下来
□ d. 想找什么，随即去找

（4）我们该如何处理那些要做的事情？请在正确答案前的□加上√号

□ a. 重新检视，并随意排列次序
□ b. 重新检视，依优先级重新排列
□ c. 重新检视，并依笔画排列次序
□ d. 不需要任何重新检视及排列

（5）我们该如何着手行动？请在正确答案前的□加上√号

□ a. 从最复杂、最困难及能尽快完成的步骤开始着手
□ b. 从最简单、最容易及能尽快完成的步骤开始着手
□ c. 从最复杂、最困难及难以尽快完成的步骤开始着手
□ d. 从最简单、最容易却难以尽快完成的步骤开始着手

（6）当我们根据上述步骤完成每一件事时，我们的感觉如何？请在正确答案前的□加上√号

□ a. 越来越有信心继续努力
□ b. 越来越不愿意继续努力
□ c. 越来越害怕继续努力
□ d. 越来越发愁继续努力

三 行动计划

● **拿一些目标来转化成行动计划，每一个步骤都要非常明确。**

我的目标是：3个月之内减5公斤体重

我要做的是：咨询医生了解身体状况
咨询营养师决定节食计划
选择合适的运动方式及时间

增加运动量

选择一些励志的录音带来听，以保持高昂的斗志。

请教运动教练

每天早上称体重

我的目标是：______

我要做的是：______

______

______

______

快乐属于那些有梦想，并准备为梦想付出代价的人。

我的目标是：______

我要做的是：______

______

______

______

只要持续地努力，不懈地奋斗，就没有征服不了的东西。

我的目标是：______

我要做的是：______

______

______

______

千里之行始于足下

第12课 学习重点

✽成功要先付出努力，然后才能得到收获。

✽订立目标后，要先制定一套完整的行动计划，然后从最容易、最简单并且能尽快完成的步骤开始着手。

第13课

评估及修订目标

你一枪不发，自然百标不中。

我们所处的世界日新月异，千变万化，因此，在实现目标的过程中，我们要根据种种变化，不断重新评估和修订目标。

一 评估目标

飞机在飞行途中，常常因为变幻无常的天气状况或气流影响等因素而偏离航道。因此，机师需要借助先进的导航系统将飞机驶回既定的航道。同样的，我们的目标进程也时常会因为其他状况的改变而偏离正确的方向。因此，我们也要时常检查目标的进程，因为检查的次数越多，我们便有越多的机会去改正错误，而成功的机会也会相对增加。

（1）飞机常会因为天气或气流影响而有什么改变？请在正确答案前的□加上√号

□ a. 加速行驶　　□ b. 减慢速度
□ c. 偏离航道　　□ d. 停止前进

（2）飞行员时常借助先进的导航系统做些什么？请在正确答案前的□加上√号

□ a. 将飞机驶回出发地点
□ b.将飞机驶向与目的地相反的方向
□ c. 将飞机降落在安全的地方
□ d. 将飞机驶回正确的航道

（3）我们的目标进程会因为其他状况的改变而发生什么变化？请在正确答案前的□加上√号

□ a. 变得模糊不清
□ b. 偏离正确的方向
□ c. 变得非常缓慢
□ d. 达成目标的几率越来越低

（4）当我们检查及评估自己目标进程的次数越多，我们便会发现什么？请在正确答案前的□加上√号

□ a. 有越多的机会去改正错误
□ b. 有越多的机会去分析问题
□ c. 有越多的机会去思考未来
□ d. 有越多的机会增加信心

（5）当我们检查及评估自己目标进程的次数越多时，我们最终会发现什么？请在正确答案前的□加上√号

□ a. 成功的机会不变
□ b. 成功的机会越少
□ c. 成功的机会越多
□ d. 成功的机会无法预料

二 游泳高手的失败

1952年7月4日清晨，一位名叫弗罗伦丝的妇女开始从卡塔纳岛游向美国的加州。如果成功的话，她就是第一个游过这个海峡的妇女。那天早晨，雾很大，视野模糊，而且海水很冷。15小时后，她又累又冷，除了浓雾之外，她什么也看不到。最后，她终于放弃了。事后她对记者说："如果我当时能看见陆地，也许我能撑下去。"事后她发现，人们拉她上船的地点离加州海岸只有800多米！

（1）弗罗伦丝在1952年7月4日的清晨做了什么决定？请在正确答案前的□加上√号

□ a. 从冰岛游向美国的加州
□ b.从长岛游向美国的加州
□ c. 从卡塔纳岛游向美国的加州
□ d. 从西西里岛游向美国的加州

（2）如果成功的话，弗罗伦丝会有什么成就？请在正确答案前的□加上√号

□ a. 她将成为第一个畅游这个海峡的女人
□ b. 她将成为第一个游过这个海峡的妇女
□ c. 她将成为第二个游过这个海峡的妇女
□ d. 她将成为第一个游过这个海峡的小孩

（3）1952年7月4日的天气怎样？请在正确答案前的□加上√号

□ a. 没有雾，视野清晰，而且海水温暖
□ b. 有点雾，视野不差，但是海水很冷

☐ c. 雾很大，视野模糊，但是海水温暖
☐ d. 雾很大，视野模糊，而且海水很冷

（4）弗罗伦丝经过了多少时间才决定放弃？请在正确答案前的□加上√号

☐ a. 15小时　　☐ b. 16小时
☐ c. 17小时　　☐ d. 10小时

（5）弗罗伦丝如何解释她放弃的原因？请在正确答案前的□加上√号

☐ a. 如果当时的海水不是那么冷，也许我能撑下去
☐ b. 如果当时我不是那么累，也许我能撑下去
☐ c. 如果当时的天气不是那么差，也许我能撑下去
☐ d. 如果当时我能看见陆地，也许我能撑下去

（6）对于这个故事，你有什么感悟？请在正确答案前的□加上√号

☐ a. 避免天气寒冷时游泳
☐ b. 一个人若看不见自己的进步，便会比较容易放弃
☐ c. 她的失败是由于越来越害怕继续努力
☐ d. 她的失败是由于越来越没有力气

三 评估目标的进度

●**请对自己的目标进行检视，以此充分掌握目标的进度并确保它是在正确的方向上。**

A: 极佳　B: 好　C: 尚可　D: 差　E: 极差（请在字母下加上√号）

备注：若遇到困难或障碍，请检视自己的要求是否太高，是否有需要改进的地方。

日期：

目标进度表						
目标	A	B	C	D	E	备注
1.						
2.						
3.						
4.						
5.						
6.						
7.						
8.						
9.						
10.						

四 修订目标

俗话说“计划赶不上变化”，我们的目标及完成日期也应该是有弹性的，可以根据难以预见的变化而作出调整。以学习英语为例，我们可以作出如下调整。

A：修改计划，而不是修改目标。

B：修改达成目标的时间

C：修改目标的量

D：放弃目标

E：重订新目标

● 以学习英语为例，试找出各种计划改变的方式。

（1）下列哪项是修改计划，而不是修改目标？请在正确答案前的□加上√号

□ a. 时间限制由一年改为两年

□ b. 以学习法文代替英文

□ c. 由学习500个英文单词改为300个单词

□ d. 由到教室上课改为网上学习

（2）下列哪项是修改达成目标的时间？请在正确答案前的□加上√号

□ a. 完成期限由两年改为3年

□ b.每天学习的时间由两小时改为3小时

□ c. 学习的单词由100个改为200个

□ d. 学习英语语法代替英文单词

（3）下列哪项是修改目标的量？请在正确答案前的□加上√号

□ a. 由网上学习改为聆听CD

□ b. 完成期限由8个月改为10个月

□ c. 由学习400个单词改为学习300个

□ d. 不再学习英文

（4）下列哪项是放弃目标？请在正确答案前的□加上√号

□ a. 不再到学校上课，改为自学

□ b. 停止学习英文

□ c. 只靠多看英文电视节目来学习英语

□ d.每天的学习时间由早上改为晚上

（5）下列哪项是重订新目标？请在正确答案前的□加上√号

□ a. 每天的学习时间减半

□ b.学习德文代替学习英文

□ c. 更换英文老师

□ d. 跟外国朋友学习会话，不再上网学习

五 改变目标的原因

●**世界千变万化，我们有时会因外在或自身的改变而调整目标。下列是一些常见的原因，请在正确答案前的□加上√号。**

（1）我因为不符合高级组网球班的要求，所以改为参加中级的。

□ a. 环境改变　　□ b. 自身能力

□ c. 兴趣改变　　□ d. 健康状况改变

（2）我本来打算成为一名工程师的，但我发现自己对科学更有兴趣，所以决定将来作一名科学家。

- ☐ a. 环境改变
- ☐ b. 自身能力
- ☐ c. 兴趣改变
- ☐ d. 健康状况改变

（3）因为家庭的经济状况急转直下，所以要从加拿大返回祖国读书。

- ☐ a. 环境改变
- ☐ b. 自身能力
- ☐ c. 兴趣改变
- ☐ d. 健康状况改变

（4）因为患病，所以我不能出席下星期的校运会。

- ☐ a. 环境改变
- ☐ b. 自身能力
- ☐ c. 兴趣改变
- ☐ d. 健康状况改变

（5）你所订立的目标当中是否有因为其他因素的影响而修改或放弃的？试简述其原因：

第 13 课　学习重点

✽要时常评估并检查目标的进度，因为检查的次数越多，我们便有越多的机会去改正错误，使成功的几率更高。

✽我们要根据各种变化，适时调整自己的目标，修改的方式包括：

(a) 修改计划，而不是修改目标

(b) 修改达成目标的日期

(c) 修改目标的量

(d) 放弃目标

(e) 重订新目标

第14课

体验达成目标

只要你没有把自己的目标写在纸上，你的种种打算就只是没有放进土壤的种子。

运用你与生俱来的想象力，在自己的脑海中勾勒出达成目标之后的景象，并不断注入充满希望的能量，直到你真正达到你所想象的目标。

一 目标要有清晰的景象

想象你达到目标的时候，你的状态将会是什么样的？动作及表情怎样？心情和周围的气氛怎样？你那时会看到什么？会感觉到什么？会听到什么？感受到什么？请牢记这一刻的美妙景象，并将其植入自己的脑海。以后，当你想起目标的时候，脑海里就会自然而然地浮现这个景象，它可以支持着你克服困难，使你坚定地向着目标前进。

（1）想象你达到目标时候的景象会包括哪些内容。请在正确答案前的□加上√号（可选择多个答案）

□ a. 自己的样子 □ b. 自己的表情
□ c. 自己看到什么 □ d. 自己听到什么
□ e. 自己感受到什么 □ f. 自己感觉到什么
□ g. 周围的气氛 □ h. 自己的动作

（2）牢记达到目标的一刻，这对我们自己会有什么影响？请在正确答案前的□加上√号

□ a. 训练自己的记忆力
□ b.支持着自己坚定地向着目标前进
□ c. 锻炼自己的想象力
□ d. 发挥自己的大脑潜能

二 达成目标之旅

当其他选手都忙于训练时，美国十项全能选手詹姆士·索普(James Thorpe) 却在载着奥运选手的轮船上闭目养神。教练斥责他说：“你到底在干什么？”索普笑眯眯地回答说：“我正在想象赢得十项全能金牌的场面。”说完，他又闭上眼睛。后来，他真的在奥运会上拿到了金牌。

（1）为何詹姆士·索普被教练斥责？请在正确答案前的□加上√号

□ a. 因为他在轮船上欣赏岸边风景

□ b. 因为他在轮船上练习篮球
□ c. 因为他在轮船上大声歌唱
□ d. 因为他在轮船上闭目养神

（2）詹姆士·索普在船上想着什么？请在正确答案前的□加上√号
□ a. 想着自己在奥运会赢得五项铁人冠军的场面
□ b.想着自己在奥运会赢得三项铁人冠军的场面
□ c. 想着自己在奥运会拿到十项全能金牌的场面
□ d. 想着自己在奥运会拿到五项全能金牌的场面

（3）你从詹姆士·索普的故事悟到了什么？请在正确答案前的□加上√号
□ a. 应该经常闭目养神
□ b.利用想象力将达成目标的影像嵌在脑海里，借此增强毅力和决心
□ c. 苦练十项全能
□ d. 没必要经常忙于训练

三 想象力战胜癌细胞

一位得知自己罹患肠癌的男士，偶尔在杂志上看到一篇关于想象的文章。他依照这篇文章的建议，每天想象着“白细胞大军”从颈部浩浩荡荡下来，进入五脏六腑，把癌细胞消灭殆尽的景象。他每天都为“白细胞大军”获得胜利而欣喜不已。半年后，他再次到医院接受检查，发现癌细胞竟然都消失了。

（1）那位男士患了什么疾病？请在正确答案前的□加上√号
□ a. 脑癌　□ b. 喉癌　□ c. 膀胱癌　□ d. 肠癌

（2）他每天想象着什么景象来治疗自己的疾病？请在正确答案前的□加上√号
□ a. “白细胞兵团”将癌细胞吃掉的景象
□ b. “白细胞兵团”将脑细胞吃掉的景象
□ c. “白细胞兵团”被癌细胞吃掉的景象
□ d. “白细胞兵团”被脑细胞吃掉的景象

（3）他对"白细胞兵团"的胜利有何感觉？请在正确答案前的□加上√号

□ a. 自满　□ b. 骄傲　□ c. 沮丧　□ d. 欣喜

（4）6个月后，当他再次到医院检查时，他发现了什么？请在正确答案前的□加上√号

□ a. 大部分癌细胞消失了　□ b.小部分癌细胞消失了

□ c. 癌细胞全部消失了　□ d. 癌细胞开始扩散了

（5）对于这个故事，你有什么发现？请在正确答案前的□加上√号

□ a. 想象力的作用不可低估　□ b.要经常阅读杂志

□ c. 要爱护身体　□ d. 只要运用想象力，便不需要医生治疗

四 想象的力量

彼得是个身受重伤的年轻士兵，他除了颈部之外，其他部位都不能动弹。为了打发时间，他决定趁这次疗伤的时间练习打字。他请别人把键盘的模型放在架子上，然后想象自己练习打字以及纸张上出现文字的情形。他每天都花20分钟想象打字练习，直至几个月后他复原为止。其后，当他第一次用打字机打字时，速度竟达每分钟40字，而且全无错误。

（注：心理学家发现，同样的情况也会出现在其他运动技巧的训练上，例如篮球或足球等）

（1）受伤后的彼得只有哪个部位能动弹？请在正确答案前的□加上√号

□ a. 手　□ b. 颈　□ c. 脚　□ d. 腰

（2）为了打发时间，彼得决定学习什么？请在正确答案前的□加上√号

□ a. 足球　□ b. 英语　□ c. 绘画　□ d. 打字

（3）彼得每天想象什么？请在正确答案前的□加上√号

□ a. 想象自己打字以及纸张上出现文字的情形

□ b. 想象自己绘画以及纸张上出现图画的情形

□ c. 想象自己计数以及纸张上出现符号的情形

□ d. 想象自己填色以及纸张上出现色彩的情形

（4）彼得花了多少时间练习？请在正确答案前的□加上√号

□ a. 几个月，每天10分钟　　□ b.几个月，每天30分钟
□ c. 几个月，每天20分钟　　□ d. 几个月，每天40分钟

（5）当他第一次用打字机打字时，他的成绩如何？请在正确答案前的□加上√号

□ a. 每分钟30字，而且全无错误
□ b.每分钟40字，只是有少数错误
□ c. 每分钟50字，而且全无错误
□ d. 每分钟40字，而且全无错误

（6）这个故事对你有什么启发？请在正确答案前的□加上√号

□ a. 不要当士兵
□ b. 受伤后只能练打字
□ c. 每天花20分钟练习打字便足够
□ d. 利用想象的方法，可以提升自己的知识及技能

五 体验达成目标——想象练习

对你来说，最重要的目标是什么？你真的很想完成吗？决定我们未来的是自己心中的景象，一旦心中有了一个景象，所有资源和能量都会朝这个方向集中。

现在，请你展开想象——你的目标已经实现了！请留意这个景象的所有细节，包括视觉(景象)、听觉(声音)、嗅觉(气味)、感觉(感受)及味觉(味道)……你在笑吗？高兴吗？兴奋吗？你在想什么？你在说什么？你在做什么？请继续你的想象。请注意，你和谁在一起？他们在说什么？看一看自己逐渐达成目标的模样，请记住这一刻的景象。

建立目标视觉化的目的，是为了使我们的潜能得到最大的发挥，从而更快地实现目标。视觉化越具体、重复次数越多，战胜困难的信心就越强，对自己的激励作用也就越大。要取得最佳效果，请每天想象两次自己的目标已经实现的情景。展开想象的两个最佳时间是早晨刚刚醒来和晚上入睡前。

（1）一旦我们心中有了一个达成目标的景象后，会有什么情况出现？请在正确答案前的□加上√号

□ a. 所有资源和能量都朝这个方向集中
□ b. 所有资源和能量都会分散各方
□ c. 所有资源和能量都会不断增强
□ d. 所有资源和能量都会不断减弱

（2）目标视觉化的目的是什么？请在正确答案前的□加上√号

□ a. 使我们的潜能得到最大的保护
□ b. 使我们的潜能得到最大的发挥
□ c. 使我们的潜能受到不良影响
□ d. 使我们的潜能得到最大的保存

（3）怎样才能取得视觉化的最佳效果？请在正确答案前的□加上√号

□ a. 视觉化越抽象并且重复次数越多
□ b. 视觉化越具体并且重复次数越少
□ c. 视觉化越具体并且重复次数越多
□ d. 视觉化越抽象并且重复次数越少

（4）每天可在哪两段时间想象目标达成的景象？请在正确答案前的□加上√号

□ a. 午间刚醒来和晚上入睡前　□ b.早晨刚醒来和午间入睡前
□ c. 午间刚醒来和晚间入睡后　□ d. 早晨刚醒来和晚上入睡前

第14课　学习重点

❀想象达成目标时的景象，并将它牢记在自己的脑海里，这样能增强克服困难的信心。

❀每天早晨刚醒来和晚上入睡前想象自己的目标已经实现的情景。

第15课

自我激励及肯定

任何能使你生命更有价值，生活更有意义的事都需要付出时间、努力、心血与行动。

一个人的心态很容易左右其行动。因此，要达成目标，我们必须不断地对大脑进行正面的暗示，使自己时常满怀希望和热忱，并且要坚定一个信念——总有一天我能把它完成！

一 大脑VS计算机

你的大脑就像一台计算机，而你自己就是程序设计员，如果你输入积极的信息，你得到的结果就是积极的和有价值的。如果你提供给你的大脑是消极的信息，你得到的结果也将是消极的，并且直接地把你带向失败。因此，你要时常令自己充满干劲和信心，并且要不停地为自己加油。

（1）谁负责给我们的大脑输入信息？请在正确答案前的□加上√号（可选择多个答案）

□ a. 父母　　□ b. 我们自己

□ c. 老师　　□ d. 兄弟

（2）如果向我们的大脑输入正面的、积极的信息，会得到什么样的结果？请在正确答案前的□加上√号

□ a. 自己充满焦虑和恐惧

□ b.自己充满愤怒和怨恨

□ c. 自己充满干劲和信心

□ d. 自己充满沮丧和悔恨

（3）如果向我们的大脑输入负面的、消极的信息，会得到怎样的结果？请在正确答案前的□加上√号

□ a. 把自己带向成功　　□ b. 把自己带向失败

□ c. 把自己带向过去　　□ d. 把自己带向欣喜

（4）当你知道自己的大脑就像一部超级计算机后，你有什么打算？请在正确答案前的□加上√号

□ a. 暂停使用

□ b.请教计算机专家教自己编程

□ c. 购买优良的程序给自己应用

□ d. 不断输入积极信息，不停地为自己加油

二 改变了的军人

1960年，美国的一个新兵训练中心来了一批新兵。这些新兵文化和教育水平不高，更缺乏卫生观念，有些新士兵甚至还有不良习惯。为了训练他们，教官们伤透了脑筋，后来他们想到一个方法。指挥部印制了一些家书，把它变成课程，要求新兵阅读，并且要求新兵仿照这些家书，写信给自己的家人，说他们在军中过得很好，而且已经养成了良好的生活习惯。奇怪的是，不久之后，这批新兵有了很大的改变，克服了坏习惯，变得精神昂扬、有礼貌、讲卫生、守纪律，成为标准的军人。

（1）上述那批新兵有什么特点？请在正确答案前的□加上√号

□ a. 文化程度低，不讲卫生，而且还沾染了不良习气

□ b.文化程度高，不讲卫生，而且还沾染了不良习气

□ c. 文化程度低，不讲卫生，品质良好

□ d. 文化程度高，不讲卫生，品质良好

（2）教官给那批新兵印发了什么？请在正确答案前的□加上√号

□ a. 课本　　□ b. 诗歌

□ c. 家书　　□ d. 散文

（3）教官要求那批新兵给家人寄什么？请在正确答案前的□加上√号

□ a. 寄诗给家人，并告诉他们自己在军中养成了新的生活习惯

□ b.寄信给家人，并告诉他们自己在军中养成了新的饮食习惯

□ c. 寄信给家人，并告诉他们自己在军中养成了新的阅读习惯

□ d. 寄信给家人，并告诉他们自己在军中养成了新的生活习惯

（4）那批新兵最终变成了怎样的人？请在正确答案前的□加上√号

□ a. 精神焕发，懂礼貌、节俭并且守纪律

□ b.精神焕发，懂礼貌、讲卫生、守纪律

□ c. 精神焕发，懂节制、讲卫生、守纪律

□ d. 精神焕发，爱学习、讲卫生、守纪律

（5）那批新兵为何会产生如此改变？请在正确答案前的□加上√号

□ a. 他们文化程度低，较容易服从上司的命令

□ b.他们接受严格的训练，所以能成为标准的军人

□ c. 他们阅读信件之后受到感动，所以改变自己

□ d. 他们在写信的过程中受到自我暗示，认为自己已是一个标准的军人，所以不自觉地改变以往的不良习惯

三 欣赏自己

有位心理学家做了一个实验。

他从一个班的学生当中挑选出一位自认为最笨、最没人缘、过得最不快乐的女孩子。在这位女孩子不知情的状况下，这位心理学家要求班上其他同学改变对这位女生的态度。

大家遵照心理学家的嘱咐，争先恐后地照顾这位女同学，对她热情有加，都夸赞她是一个可爱、漂亮、聪明的女孩子。

这个女孩子像被仙女施了魔法一样，不到一年，成绩突飞猛进，成为班上的风云人物。她说，她现在才发现，原来自己是一个聪颖的女孩。她说自己好像获得了新生！

其实，这个女孩子并没有变成另一个人，只是别人的肯定、爱护和尊重唤醒了她的自信，因而展现出深藏的美和被自己长期忽略的潜能。

（1）心理学家挑选了什么样的学生作为实验对象？请在正确答案前的□加上√号

□ a. 自认为最平凡、最不招人喜欢及生活得最不快乐的姑娘

□ b. 自认为最愚笨、最不招人喜欢及生活得最不快乐的小孩

□ c. 自认为最愚笨、最不招人喜欢及生活得最不快乐的姑娘

□ d. 自认为最愚笨、最不招人喜欢及生活得最不快乐的男孩

（2）心理学家要求其他同学怎么做？请在正确答案前的□加上√号

□ a. 争先恐后地照顾她、夸赞她

□ b.争先恐后地凝视她，向她献殷勤

□ c. 争先恐后地教导她，帮助她学习

□ d. 争先恐后地训练她，帮助她学习

（3）其他同学都以假当真地确定她是什么样的女孩？请在正确答案前的□加上√号

□ a. 肮脏、愚笨、懒惰　　□ b. 漂亮、固执、高傲

□ c. 平凡、贤惠、勤俭　　□ d. 可爱、漂亮、聪明

（4）一年后，那位被挑选出来的同学发生了什么转变？请在正确答案前的□加上√号

□ a. 成绩突飞猛进　　□ b. 外貌美丽动人

□ c. 没有什么改变　　□ d. 成绩一落千丈

（5）那位被挑选出来的同学发现了什么？请在正确答案前的□加上√号

□ a. 原来自己是一个资质平凡的女孩

□ b. 原来自己是一个资质聪颖的姑娘

□ c. 原来自己是一个无药可救的女孩

□ d. 原来自己是一个一无是处的女孩

（6）你从这个故事悟到了什么？请在正确答案前的□加上√号

□ a. 要对愚笨的人献殷勤

□ b. 只要相信自己，个人的潜能便会展现出来

□ c. 要以假当真地认定每一个女孩都是漂亮、聪明的

□ d. 想要成为一个美丽、善良和聪明的人，必先要愚笨并招人讨厌

四 自我激励及肯定

●下列是一些自我激励及肯定的方法，请仔细思考，并在适合自己使用的方法前的□加上√号。

□. 将目标化成一句简单的口号，并且能够随时背诵

□. 将目标贴在随处可见的地方

□. 每天大声说出自己的目标，借以坚定信心

□. 把目标写在梦想卡片上，随身携带

□. 每天早晚把很重要的目标写十次
□. 每天早晚对着镜中的自己说："我会、我能、我一定做到！"
□. 制作"梦想手册"，将代表达成目标的图片贴在手册里，随时欣赏
□. 制作"梦想海报"或板报，并挂在显眼的地方
□. 将目标转化成艺术品、舞蹈、音乐或其他形式表达出来
□. 找一些你仰慕的英雄人物，并想象自己已化身成为她（或他）的形象
□. 每次达成小目标后，要奖赏自己，使自己体会达成目标的乐趣
□. 将已达成的目标整理成一张清单 (Victory List)
□. 时常激励自己："我越来越成功，我越来越聪明。"

五 我的承诺

合同书

我_______从今天（_______年_______月_______日）起，一定要达到以下目标：

____

____

____

我将会运用《订立目标》一书中学到的所有技巧，不懈努力！我愿意做到，我一定能做得到！

签名：________ 见证人：________

第 15 课　学习重点

✽向自己的大脑输入积极的、正面的信息，使自己充满干劲和信心。
✽只要相信自己，个人的潜能便会展现出来。

达成目标的七个步骤

什么是你真正想要的

↓

写下你的目标及完成期限

↓

为每个目标寻找充足的理由

↓

将大目标分解成长、中、短期及日常目标

↓

将目标转化成实际的行动

↓

不断评估及修订目标

↓

每天想象达成目标的情形并不断地自我激励

目标报表一

我的目标

请将此目标贴在显眼的地方来提醒自己

√完成

1.____ □
2.____ □
3.____ □
4.____ □
5.____ □
6.____ □
7.____ □
8.____ □
9.____ □
10.____ □
11.____ □
12.____ □
13.____ □
14.____ □
15.____ □
16.____ □
17.____ □
18.____ □
19.____ □
20.____ □

●目标报表二

目标行动计划

目标

理由

行动

●目标报表三

我的目标——短期、中期及长期

短期 (1 – 12个月)	中期 (1 – 5年内)	长期 (5年或以上)

●目标报表四

目标进度表

日期

（A：极佳　B：好　C：尚可　D：差　E：极差）

目标	A	B	C	D	E	备注

目标报表五

目标完成记录

目标	完成日期
1.	
2.	
3.	
4.	
5.	
6.	
7.	
8.	
9.	
10.	
11.	
12.	
13.	
14.	
15.	
16.	
17.	
18.	
19.	

参考答案

由于思维的多样化，每个人对同一个问题的思考所得的答案绝不会是完全一样的。因此，我们在这里所提供的答案只是一个参考，只是为了学习思维技巧而提供的答案，绝不是唯一的标准答案。

第1课

一 (1) d (2) b

二 (1) a (2) c (3) b (4) d (5) c (6) b (7) c (8) a (9) b (10) c (11) a (12) b (13) c (14) d

三 (1) b (2) c (3) d (4) c

四 (1) a (2) b (3) c (4) d (5) b (6) a

五 (1) d (2) c (3) b (4) a

第2课

一 (1) c (2) a

三 (1) a (2) a (3) a (4) b (5) b (6) b (7) a (8) b (9) b (10) a (11) a (12) b (13) b (14) a

四 a, b, c, f, i, m, n

第3课

一 (1) b (2) d (3) b (4) c (5) a (6) a, b, c, d, g, h

第4课

略

第5课

一 (1) d (2) a, b, c, d, e, f, h, k, l, m (3) c (4) a (5) c

第6课

一 (1) c

第7课

一 (1) b (2) d (3) b (4) c (5) b (6) a (7) b (8) b (9) a (10) d

第8课

一 c, d, f　二 b, d, e, f　三 c, e, f　四 a, c, d　五 a, c, f　六 a, c, f
七 b, d, e, f　八 c, d, e　九 d, e, f　十 a, b, d, e

第10课

一 (1) b　(2) c　(3) 略
二 (1) a　(2) d　(3) a　(4) a, b, d, e, f, h, j

第11课

一 (1) d　(2) c　(3) a　(4) c
二 (1) b　(2) d　(3) c　(4) c　(5) b　(6) b　(7) c　(8) a　(9) d　(10) b

第12课

一 (1) a　(2) d　(3) c　(4) b　(5) d　(6) 略
二 (1) c　(2) a　(3) c　(4) b　(5) b　(6) a

第13课

一 (1) c　(2) d　(3) b　(4) a　(5) c
二 (1) c　(2) b　(3) d　(4) a　(5) d　(6) b
四 (1) d　(2) a　(3) c　(4) b　(5) b
五 (1) b　(2) c　(3) a　(4) d

第14课

一 (1) a, b, c, d, e, f, g, h　(2) b
二 (1) d　(2) c　(3) b
三 (1) d　(2) a　(3) d　(4) c　(5) a
四 (1) b　(2) d　(3) a　(4) c　(5) d　(6) d
五 (1) a　(2) b　(3) c　(4) d

第15课

一 (1) b　(2) c　(3) b　(4) d
二 (1) a　(2) c　(3) d　(4) b　(5) d
三 (1) c　(2) a　(3) d　(4) a　(5) b　(6) b

主要参考书目

* 柯维著，顾淑馨译(1996)，《与成功有约》，天下文化，台湾
* 刘杰(2003)，《目标，是成功的起点》，达观出版事业有限公司，台湾
* 盖瑞·布莱尔(Gary R.Blair)著，罗倩宜译(2000)，《成功之翼——目标设定法》，世茂出版社，台湾
* 李明伟(1988)，《直闯目标》，博益出版，香港
* 康敏(2003)，《目标的魔力》，中国社会科学出版社，北京
* 荣智利(2000)，《实现你的人生目标理想》，钱可通财经出版有限公司，香港
* Ellis Dave著，嘉安译(2003)，《创造自己的未来》，种子文化事业有限公司，台湾
* 姜宪久著，王凌霄译(2004)，《孩子的人生没有时间犹豫》，星晨出版有限公司，台湾
* 布朗著，陈秀娟译(1997)，《梦想改造一生》，天下文化，台湾
* 易久发(2003)，《成功一定有方法》，星岛出版，香港
* 李中莹(2001)，《NLP——帮助人生变得更成功快乐的学问》，PEMI出版社，香港
* 李轩(2003)，《目标：成功的动力》，雅典文化，台湾
* 魏特利著，朱伟雄译(1997)，《扣准时机的节奏》，天下文化，香港
* 麦凯文著(1996)，《目标人生》，浸信会出版社，香港
* 陈安芝(2004)，《绝不裸奔：陈安芝目标法则》，云南民族出版社，昆明
* 格莱恩·布兰德著，理子、罗鲲译(2002)，《一生的计划》，新华出版社，北京
* Hopson Barrie & Scally Mike著，张惠玲译(2000)，《筑一道人生的彩虹》，台湾实业文化，台湾
* Tracy, Brian(2003), “GOALS”, Berrett KOEHLER Publishers, Inc., California
* Blair, Gary Ryan, “Goal Setting 101”, Goals Guy Learning Systems Inc., New York
* Blair, Gary Ryan, “Goal Setting for Kids & Teens”, Goals Guy Learning System Inc., New York
* Blair, Gary Ryan, “Goal Setting Forms”, Goals Guy Learning Systems Inc., New York
* Youngs, Bettie B & Youngs, Jennifer Leigh(2002), “A Taste – Berry Teen’s Guide to Setting & Achieving GOALS”, Health Communications Inc., Flarida
* Cairo Jim(1998), “Motivation and Goal – Setting”, Career Press, NJ
* Ellis, Keith(1998), “The Magic Lamp: Goal Setting for People who hate setting goals”, Three River’s Press, New York
* McDermott. Diane & Snyder C.R.(1999), “Making Hope Happen: A Workbook for Turning Possibilities into Reality”, New Harbinger Publications Inc., California
* Blair, Gary Ryan, “Personal Goal Planner: Your Monthly Companion”, Goals Guy Learning System Inc., New York
* Graham, Stedman(2001), “Teens Can Make it Happen Workbook”, Simon & Schuster